영인본

노산 이은상 시집

기원

분계선을 밟고

돌선 경남

발간사

시집 〈祈願〉 영인본 발간에 붙여

　시집 <기원(祈願)>은 우리나라의 국보급 문화보배인 시조시인 노산 이은상 선생이 생전에 마지막으로 남기신 절절한 애국시집으로, 돌아가시기 2년 여 전인 1980년 7월에 직접 분계선을 답사하시면서 발로 쓰신 시집이다.

　이 시집은 초판본은 1982년 3월 20일 경희출판사 이름으로 나오고 10월 22일 돌아가시기 이래 전 9월 15일 나온 재판 본은 노산문학회 이름으로 되어있다. 경희출판사 판은 커버가 비단크로스로 된 호화양장본으로 정가가 10,000원으로 되어있다. 그러나 노산문학회 판은 정가가 없이 아예 증정본으로 출판한 것으로 보인다. 이 판은 커버가 양장은 양장이나 일반 포크로스로 되어있는 차이가 있다.

　노산 선생은 우리 지역의 자랑스러운 교육자이며 독립유공자인 남하 이승규 선생의 아드님이다. 남하 이승규 선생은 잘 아시다시피 사립 마산 창신학교의 전신인 독서숙을 설립하신 사학교육의 선각자이며 기미년 3·1운동 때는 마산지 방에서 독립운동에 앞장선 독립유공자이기도 하다. 1922년 돌아가실 때 그 업적을 기려 마산지방이 사회장으로 모셨다.

　노산 이은상 선생은 조선어학회 사건에 연루되어 옥고를 치러 독립유공자로 추서되었다. 그러니까 우리나라로선 보기 드문 부자(父子) 독립유공자인 것이다.

이에 우리들은 뒤늦게나마 두 분을 기리는 사단법인 '남하이승규 노산이은상 기념사업회'를 설립하여 3년째에 접어들었다. 우선은 두 분의 유업을 기리는 기념관을 목표로 하고 있으며 차후 두 분에게 합당한 기념사업을 체계적으로 병행할 예정이다.

　우선 이번 11월 말경에 두 분의 업적을 알리는 세미나를 개최하면서 그 자료로 이 시집의 영인본을 내기로 한다. 여기서 우리가 노산문학회 판을 원본으로 영인본을 내기로 한 것은 원본이 깨끗해서 그때의 생생한 시집의 질감을 그대로 살리는 것이 보다 의미 있는 일로 여겨서이다. 이 시집이 많이 읽히는 일이 이 사업의 취지를 살리고 특히 노산 선생의 애국정신을 널리 함양하는 일이라고 우리는 보고 있다.

　모처럼의 이 일이 노산 선생과 그의 부친 남하 선생의 업적을 되새기는 뜻깊은 기회가 되었으면 한다.

2025년 11월

윤 봉 현
(남하이승규노산이은상기념사업회장)

머 리 말

인류의 역사는 상처투성이다.	인류의 역사는 상처 투성이다. 아물지 않은 상처를 안고 영원한 비극 속에서 살고 있는 것이 인간인지도 모른다. 그 중에서도 한국민족은 수천년 역사 위에 수 많은 상처를 안고 있다. 그러다 마침내 오늘의 우리 시대에 이르러 그 어느 때의 상처보다도 더 큰 가장 뼈저린 상처를 내고야 말았다. 국토의 허리를 끊어 놓은 분계선이야말로 한국민족만의 상처가 아니다. 세계 인류 전체의 상처이기도 한 것이다. 그러므로 나는 이것을 "20세기의 상처"라고 부른다.
20세기의 상처	
1945. 8. 15.	돌아보건대 한국민족은 지나간 한 때 나라를 잃어버렸다가 1945년 8월 15일 해방의 기쁨을 맞이했었다. 그러나 자유를 안아보던 바로 그 순간, 해방은 명목뿐이요, 강대국들의 무자비한 처사로 한국의

3.8선 설정	국토는 북위(北緯) 38도선으로 허리를 잘리어 남북으로 두 동강이 나고 말았다.
1950. 6. 25.	다시 그뒤 5년이 지나 1950년 6월 25일 북한 공산군의 남침으로 동족상잔의 비참한 전쟁이 일어났었다.
3백 만명의 희생자	남북의 군대가 서로 밀고 밀려서 피비린내 나는 비바람 속에 쓰러진 원혼들이 군인, 민간인 그리고 그 전쟁에 참전했던 16개국의 외국 군대까지 모두 아울러 무려 3백만 명!
1953. 7. 27. 휴전조인과 함께 생겨진 군사분계선	아무런 까닭도 명분도 없이 그같이 많은 생명을 잃어버리는 전쟁을 3년이나 계속한 끝에 마침내 서로 지쳐 1953년 7월 27일 휴전조인과 함께 그날 그 시간의 전선 형태 그대로 굳어져버린 군사분계선!
155마일의 분계선	한국 서해의 「끝섬」에서부터 동해의 바닷가 백사장 철조망 마지막 말뚝까지 강으로, 들로, 산으로, 국토를 가로 끊은 155마일의 남북분계선!
인류전체의 비극	저 베를린의 동서독 장벽과 함께 자유·평화·사랑을 잃어버리고 오직 미움과 저주와 죄악만이 도사린 분계선이기에 이것은 다만 한국민족만의 비극이 아니라 인류 전체의 비극이 아닐 수 없는 것

이다.

회한(悔恨)의 분계선! 통곡의 분계선! 분노를 참다 못해 미쳐버릴 것만 같은 저주의 분계선!

한국민족의 가장 큰 고통이 바로 이 시대 슬픈 역사의 증언대인 분계선에 있거늘, 이 비극의 분계선을 두고 어디 가서 한국민족의 가슴 속에서 불타오르는 「진정한 부르짖음」 그리고 한국 민족의 뼈를 깎는 「고통의 문학」을 찾을 수 있을 것인가.

아무리 그날그날의 현실에 쫓긴다 해도 가슴 속의 눈물은 마를 길 없고 아무리 세월이 흘러 마비되어 간다 해도 포기와 체념은 있을 수 없는 일이다.

꿈 속에서도 잊어선 안 될, 통일을 위한 민족의 슬픈 소원! 일각이라도 식어져선 안 될, 평화를 구하는 인류의 큰 이상!

지금 이 시간 전 세계를 바라보라.

한국을 비롯한 동북아시아, 중동지역, 유럽지역, 멀리 검은 대륙의 땅끝까지 빈곤과 굶주림과 살육과 전쟁과 온갖 비참한 현상이 쉴 사이 없이 일어나고 있는 이 지구상의 인간들처럼 비참한 존재가 또 어디 있을 것인가.

지구와 인류의 종말을 고하는 무서운 최후의 단추 하나를 누르기 전에 인류는 지금 곧 이 비참한 멸망을 벗어나야 한다.

신이 인류의 멸망을 원하지 아니한다.

> 신은 인류의 멸망을 원하지 아니한다.

인간 자신이 인류의 멸망을 원하지 아니할진대 인류는 반드시 다시 살 수 있는 길을 찾고야 말 것이다.

그것이 바로 자유요, 평화요, 사랑이요, 정의다. 인간이 순결한 양심으로 돌아오는 날이 곧 인류의 부활이요 재생인 것이다. 우리는 그것을 원할 따름이다.

> 인류의 부활과 재생

나는 진작 분계선이 설정된 지 10년이 되던 해에 그 분계선을 밟으며 기행문으로써 민족의 슬픈 소원을 호소한 일이 있었다.

그 뒤로 어느덧 또다시 10여년 세월이 흘렀다. 날이 갈수록 분계선은 더욱 더 굳어져만 가고, 그 위에 폭풍우를 머금은 험상궂은 먹구름조차 엉겨 돌기만 하는 분계선이라, 나는 지난 80년 7월 늙고 병든 몸을 일으켜 막대 짚고 나서서 다시 한 번 더 이 분계선을 찾아가 거기 쳐놓은 가시 철망을 부둥켜 안고 불타오르는 가슴을 풀어헤치고 시조형식의 시

> 늙고 병든 몸을 일으켜

자유와 평화와 사랑을 갈구하는 사람들의 가슴에 호소한다. 42제목 205수를 읊었었다. 이제 그 시들을 정리하여 통일과 자유와 사랑을 갈구하는 모든 사람들의 가슴과 가슴에 호소하려는 것이다.

1982. 3. 1

노산 이 은 상

차   례

　　머리말
　　서 시 ··1
1. 저주의 서해 ··7
2. 백사장의 발자국 ··10
3. 웃고 피는 도라지꽃 ··13
4. 물과 피 ··15
5. 백로의 낙원 ··18
6. 죽음의 강나루터 ··20
7. 농부된 어부 ··22
8. 낙 화 ··24
9. 강둑에 주저앉아 ··26
10. 젊은 넋들 ··29

11. 판문점 (板門店) ··32
12. 돌아오지 않는 다리 ··35
13. 갈림길에서 ··38

14. 좁은 산길 ··40
15. 산 언덕을 넘으며 ··43
16. 재물의 자서전 ··45
17. 신록 속에 서서 ··48
18. 설마령(雪馬嶺) ··50
19. 비 속의 능선 ··52
20. 새 농막 ···55

21. 옛 38 경계선 비문 ···58
22. 두견새와 다람쥐 ···60
23. 「칡꽃마을」이야기 ··63
24. 해골과 구두짝 ···66
25. 고석정(孤石亭) ··68
26. 유방고지(乳房高地) ···70
27. 원혼들의 호소 ···72
28. 산철쭉·산난초 ··74
29. 스승과 제자 ··77
30. 검은 구름 토하는 고개 ···79

31. 아레스! 멀리 가라 …………………………………81
32. 근심 없는 마을 ……………………………………84
33. 맑은 시냇가에서 ……………………………………87
34. 향로봉 위의 기도 …………………………………90
35. 지구촌(地球村) ……………………………………93
36. 한 겨울만 더 지나면………………………………96
37. 파도도 울고 나도 울고……………………………98
38. 한밤과 새벽의 어귀에 서서 ……………………101
39. 동해의 아침해 ……………………………………105
40. 고통과 부활 ………………………………………109
41. 새 역사는 개선장군처럼 …………………………111
42. 기　원………………………………………………113

서   시(序詩)

여기는 아시아의 동방
고난의 오늘을 딛고 선 우리
애원과 기도소리에도
아물지 않는 금 간 국토
동해의
파도소리만
계시(啓示)와도 같이 들리는 나라

지금 우리들의 행진이
세기의 어디쯤에 서 있는지
얼굴을 스쳐가는 시간이
너무도 차갑구나
빙하(氷河)의
어느 한 구역인 양
서로의 체온조차 아쉽다

사탑(斜塔)같은 역사를 안고
회한을 반추하는 겨레
지진도 없이 갈라진
이 저주의 땅과 가슴 위에
오늘도
숱한 눈물과 분노만이
궂은 비처럼 흩뿌리고

할배 아배 때부터
혀에 익혀 온 착한 말들을
나날이 잊어버려 가는 세대라
우리의 신은 노여웠는가
차라리
참회의 방망이로
아프도록 때리옵소서

그러나 나는 다시
역사의 신 앞에 항변한다
미련한 소마냥 농사 짓고
착한 비둘기처럼 자식들 낳고
여기는
그렇게 어진 백성들
오천 년 살아 온 땅이기에

한 뼘 가슴 속에
산만한 심장이 뛴다
다섯 자 몸뚱이 속에
강줄기만한 혈관이 흐른다
이 심장
이 혈관 속에
가득 찬 것은 오직 기원!

우리 원하는 자유
산산이 조각이 나고
우리 구하는 평화
갈갈이 찢겨졌기에
울분이
용광로처럼
불타오르는 분계선 !

너와 나 가슴과 가슴
사상과 사상의 장벽
나라와 나라, 민족과 민족
침략과 항쟁의 장벽
여기서
전쟁이 일어나고
고귀한 피를 흘리고

선과 악, 강함과 약함
사랑과 미움의 장벽
빼앗고 빼앗기는 아픔
얻음과 잃음의 장벽
민족과
인류의 온갖 비극이
여기서 일어나는 것!

지열이 식지 않은 조국의 땅
지열보다 더 뜨거운 심장의 피
시련은 끝나지 않고
도전은 갈수록 치열하여도
빙벽(氷壁)을
채질해 오르는 기사(騎士)마냥
끝없이 솟구치는 의욕!

지금 내가 왜 굳이
험하고 어려운 이 길을 가나
역사를 넝마조각처럼 찢어놓은
분계선 가시철망
구름도
거기 찔리면
피가 흐르는 길인데 !

그래도 나는 가야지
가시철망 내 앞길 가로막으면
나는 거기서 시를 읊고
노래가 끝나면 통곡하고
하늘 끝
땅 끝까지 들리라
슬픈 소원을 외치련다

1. 저주의 서해

바라보면 아침 구름
북으로 잇달아 날고
굽어보면 저녁 조수
남쪽으로 밀려 들거니
여기는
망망한 서해
산도 끝나고 물도 다한 곳

분계선 서해의 끝섬
이름도 짓궂이 「보름섬」이라
한 번 가면 물길이 험해
보름 만에야 돌아온다네
그래도
돌아올 수나 있지
가면 못 오는 데가 있네

하늘과 땅이사 무슨 경계랴
사람이 국경을 가른 것이지
그래도 돛 한 번 달면
어디라도 갈 수 있는데
도리어
제 나라 손 닿는 곳을
못 가는 데가 있네그려

달려가 강 건너 북쪽 산들
와락 껴안아 보고 싶건만
타다 남은 여백(餘白)의 땅에
가로 막힌 저주의 서해
모세의
지팡이를 다오
이 바다를 갈라 보리라

오늘 우리에겐
그같은 기적이 없는 것일까
「저 산아 내게로 오라
네가 안 오면 내가 가리라」
애닲아
마호메드의 말을
나도 한 번 외어 본다

2. 백사장의 발자국

언덕 밑 바닷가에는
저녁 조수 밀려들고
백사장 여기 저기
조그마한 발자국들
아침에
아랫마을 아이들
게 잡으러 왔더라네

이윽고 총 멘 병정
놀라 달려와 꾸짖는 말
「여기 함부로 들어가
 발자국을 내면 안 돼
 어떻게
 간첩들 발자국과
 분간한단 말이냐」

제 마을 바닷가에서
게 한 마리도 못 잡는 여기
아무도 없는 빈 백사장에
아이들조차 못 노는 여기
두 뺨에
쏟아지는 눈물
거둘 길이 없구나

요만한 자유마저
뺏어간 자가 누구냐
이 조그마한 평화조차
못 누리는 우리들이
누구랑
큰 자유 큰 평화를
무슨 염치로 의논하랴

적막한 강 위의 분계선
배 한 척도 못 다니는 곳
오늘밤 조수가 밀리면
저 발자국마저 쓸려버리고
차가운
별빛과 바람만이
어둠 속을 방황하리라

3. 웃고 피는 도라지꽃

강 건너 들 밖으로
오늘해도 져버리는가
상처투성이 강산이라
차마 보기 어려워서
솔가지
휘잡아 당겨
눈을 짐짓 가린다

언덕을 내려서는
가슴 아픈 나그네와
밀물과 저녁해가
모두 근심에 잠겼는데
길 가에
자주빛 도라지꽃만이
바람결에 웃고 피었네

구름 엉긴 하늘 가에
황혼이 짙어온다
어둠 속 뚫고 가는
이 시대 조국의 고난
시인은
마을 늙은이들과
이야기로 밤을 지샌다

4. 물과 피

강 따라 거슬러 오르면
남북 마을 겨우 2천 미터
건너다보니 북한 군인들
바위 깨고 동굴 파고
애닯다
얼마나 싸우려는가
언제까지 싸워야 하나

피는 물보다 진하다건만
피보다 진한 것 사상일런가
사상 앞에는 부자도 없고
형제도 없다 하네
그래서
울며 싸웠고
싸우면서도 울었더니라

이 강을 오르내리던
고기잡이배들 다 어디 가고
배 한 척 그림자도
얼른거리지 못하는 곳
지난 날
여기 있던 어촌 집들
쓸어버린 듯 다 없어졌네

사람 없는 빈 강이라
물고기야 살찌건마는
강을 잃은 주인이라
사람들은 여읜다 하네
이것이
누구 죄러냐
쓰다 달다 말아라

남을 탓하기 전에
제 살 꼬집으며 울어야 한다
우는 것만으로 끝나잖는 일
입술 깨물며 다짐해야지
진실(眞實)이
승리하는 날까지
고난과 시련 달게 받자

5. 백로의 낙원

뱃머리 북으로 돌려
강 기슭 타고 오르노라니
사람은 못 들어가는
분계선 강 복판에
백로들
몇 만 마리가
깃들여 사는 섬이 있다

울창한 푸른 숲에
눈빛같은 백로떼들
이 나무 저 나무
가지마다 앉고 날고
미움도
거짓도 없는 저기
태고의 세계가 있다

총소리 끊어진 곳에
자유와 평화의 나라
순결한 사랑의 세계
백로의 낙원이 있다
여기서
피 흘린 이야길랑
잊어버리고 말자

6. 죽음의 강나루터

옛날엔 숱한 사람들
건너 다니던 강나루터
오늘은 강물만 흐를 뿐
배도 없고 사공도 없고
강둑에
분계선이란
철조망까지 쳐놓고

그도 모자라 총 멘 병정
강언덕 위에서 지키는가
그래도 강을 뚫고
자유를 찾아 넘어오다가
가엾다
거센 물살에
시체되어 떠내려오고

여기가 죽을 곳인 줄
뻔히 알면서도
물살에 밀려 죽고
총 맞아 쓰러져 죽고
슬프다
죽음의 연쇄극이
연출되는 무대러냐

생명처럼 고귀한 것
신비한 것 또 어디 있나
벌레나 새 한 마리도
얼마나 귀엽고 아름답더냐
인간의
값진 생명을
왜 저렇게 버려야 하나

7. 농부 된 어부

철조망 바로 안에서
논갈이하는 농부가 있네
본시는 철조망 바깥
강마을 어부였더니
억지로
쫓겨 들어와
서투른 쟁기를 들었다 하네

「배를 버리라기에
 언덕 넘어와 논을 갈지요
 찔레꽃 가뭄에
 모내기조차 어렵구료
 오늘도
 옛 강이 그리워
 철조망 밖을 내다본다오」

철조망 바깥 강마을 옛집
몇십 년 풍우에 터만 남았고
언제나 돌아갈는지
기약조차 모르면서도
밭 가에
새로 얽은 농막에
정든 그물 그대로 걸어두었네

바라보니 산과 산들
피어오른 연꽃송인 듯
강물은 포도주같이
맑고 푸르게 넘쳐 흐르네
자연이
이리도 아름답기에
사람들 죄가 더 미워지네

8. 낙   화

지난 밤 드샌 곳이
개화산(開花山) 밑 마을인데
오늘 아침 건너는 곳
낙화진(落花津) 나루라네
인간의
흥망 성쇠도
하룻밤 사이로구나

지난 날 이 지역
낙화진 전투에서
남북한 젊은 군인들
죄 없는 몇 천 명이
꽃보다
아까운 청춘을
낙화처럼 떨구었었네

남쪽마을 북쪽마을 꽃들
천 송이 이천 송이
때아닌 폭풍우에
물에 지고 들에 지고
구트나
어느 마을 꽃이더냐
그건 물어 무엇하오

9. 강둑에 주저앉아

문득 보니 미국 병정
총 들고 길 앞을 막네
미군의 담당구역이라
통행증을 보이라 하네
남한 쪽
분계선 안에서마저
자유 없는 이 지역!

산도 내 산이요
강도 내 강인데
날더러 그 누구 앞에
무슨 증표 뵈란 말요
강둑에
주저앉아서
목을 놓고 울어버린다

지지리도 못난 주인아
네 강산 보기가 부끄러우냐
정녕 부끄럽거든
고개 숙이고 지나가렴
말 없이
돌장승처럼
눈 내려감고 서 있는 사람!

언덕에서 내려다 뵈는
악마의 골짜기 군사분계선
옛날엔 남북으로
기차 다니던 정거장 자리
레일은
우거진 잡초 속에
가로누운 채 잠들었고

녹슨 레일 위에
괴물같은 저 기관차
벌떡 일어나 우렁차게 울어
이 적막한 하늘 못 흔드느냐
지금 곧
북으로 북으로
냅다 한 번 달리자꾸나

10. 젊은 넋들

바라뵈는 언덕 머리
중세 고려(中世高麗)의 二十八 왕능
생전에 영화 누리며
우줄거리던 그들이언만
오늘은
봄바람에 피는
진달래 한 포기만 못하구나

여기서 까닭없이 싸우다
이름도 없이 쓰러져
바윗길 조약돌길에
뼈만 뒹구는 어린 군인들
차라리
풀잎의 아침이슬이
인생의 목숨보다 더 길구나

저기 뒹구는 뼈다귀들
저것이 누구 죄러냐
저주를 받아야 할
전쟁을 일으킨 자여
네 귀엔
젊은 넋들의
울음소리가 들리잖느냐

뻐꾸기 숲에서 우네
젊은 넋들 골에서 우네
「우리사 아무 죄 없소
 죄 없이 죽었을 뿐이외다」
이 골짝
저 골짜기에서
젊은 넋들 구슬피 우네

문득 발 아래서
푸드덕 날아가며
산꿩 날개치는 소리에
깜짝 놀란 파수병 하나
등 돌려
날 바라보며
계면쩍어 웃는다

11. 판문점(板門店)

자유·공산「평화의 천막」아래서
휴전협정 맺은 판문점
원수라면서 한 마당에서
옷깃 스치는 판문점
하루도
스물 네 시간
잠자지 않는 판문점!

휴전이란 제목 아래
안 싸우는 날 없는 판문점
날마다 세계의 나그네들
찾아왔다 가는 판문점
역사의
수레바퀴는
진흙 속으로만 빠져들고

여기서 기르는 비둘기들
남들 보라는 평화의 상징
구역질 나는 얄미운 짓이여
평화를 파는 자 여기뿐이랴
분 바른
위조품 평화로
서로 속이고 서로 속고

밖에는 양의 머리를 걸고
안에선 개고기 팔듯
아침 저녁 평화를 외치면서
살인무기 만드는 강대국들
세계는
그들을 일러
「위인」이라 추켜 올리고

모두들 하는 말, 빈말이언만
속으면서도 행여나 귀 기울이고
이 세상 누구 입에서라도
「참말」한 마디 듣고 싶구나
여기서
내 가슴 쏟아 놓고
누구랑 더불어 이야기할꼬

이제 인류의 역사는
다 읽은 책장처럼
몇 장 밖에 남지 않은
얄팍한 말세려냐
사탄의
지혜를 빌어
자폭(自爆)을 구상하는가

12. 돌아오지 않는 다리

판문점 언덕 아래
길게 놓인 다리 하나
기구하게도 가운데를 끊어
분계선이 지나갔기에
절반은
남쪽 것이요
다른 절반은 북쪽 것일네

이 다리를 건너만 가면
다시 못 오는 다리이기에
다리 이름조차
「돌아오지 않는 다리」
북으로
끌려간 8만여 명
울며 건너간 갈랫길!

이 다리를 건너면서
흘리고 간 숱한 대화들
가슴에 사무친 원한
녹음처럼 새겨져 있어
지금도
귀에 들리는
쓰리고 아픈 목소리들!

깨어진 지층(地層) 위에
너, 내던져버린 공간이여
다람쥐들이 씹다 남긴
너, 지워버린 시간이여
역사의
비바람 속에
말라가는 해골이러냐

애타게 그리면서
못 만나는 것 사람뿐이랴
민족의 큰 소원, 큰 경륜
인류의 큰 평화, 큰 행복
꼭 굳이
이 다리 위에서
그 모두를 만나야 한다

여기 이 갈림길에서
어디로 갈까 왜 망설이나
참과 거짓의 마찰과 충돌
멸망과 구원의 대립과 대결
눈물이
해일처럼 넘쳐
이 다리를 떠내려보내자

13. 갈림길에서

체온도 지탱하기 어려운
이 음산한 고난의 땅
역사의 실패한 땅에서
일어서야 할 민족이기에
한 가닥
희망의 길을 찾아
우리 갈 길을 가야 한다

인류의 역사 위에
수많은 의인들이 걸어간
거룩한 피와 눈물이 밴
진리와 아름다움의 길
그 길이
너무도 또렷이
우리 앞에 놓여 있구나

눈물과 땀과 피는
인간이 가진 세 가지 재산
기원과 봉사와 희생
거기 영생의 길이 있네
험하고
가파로와도
오직 그 길만이 사는 길!

너와 나, 식어져버린
가슴 속의 사랑의 피
그 피 다시 끓이면
거기 화사한 장미꽃 피고
눈부신
부활과 영광의 길
우리 앞에 열리리라

14. 좁은 산길

인류의 가는 길 왜 이같이
골목길들만 많으냐
좁고 어둡고 소란스럽고
공포만이 가득 차 있다
그래도
여기 쓰러져
주저앉을 수는 없다

코 앞이 탁탁 부딪는
이 답답한 골목길도
가고 가노라면 저기 어디
뚫린 데가 있을 게다
저 좁은
구멍 밖으로
밝은 햇빛이 보이잖느냐

그대들아 저길 보아라
저기 성문이 뚫려 있구나
저 성문턱 넘어서기만 하면
우리 원하는 그 길
통일과
자유와 평화의
넓고 큰 길에 맞물릴 거다

단념은 안 될 말
그건 자살의 절벽
값싼 향수와 애상
그건 어린이들의 동화
우리는
행진이 있을 뿐
저 뚫린 성문을 향해!

역사는 주정꾼처럼
비틀거리며 지나간대도
오직 옳다고 믿는 것
그것 때문이라면
죽음도
오히려 찬미가처럼
노래 부르며 뛰어들리라

숨가쁜 울분이
파도처럼 벅차올라도
피 흐르는 가시밭 고개
참고 견디며 넘어간다
의욕의
밑바닥에 불을 붙여
내일을 향해 절정을 간다.

15. 산 언덕을 넘으며

거친 산 언덕 강 기슭에
묵은 역사는 가로 누웠고
여기 민족의 계명을
일러 주는 해와 달이
두 눈을
부릅뜨고서
내려다 보는 지역이여

깜깜한 밤속같이
혼의 등불이 꺼졌느냐
마취제 속에 잠겨서
취하여 넘기는 그날그날
지향도
신념도 잃어버린
몽유병자같은 세대여 !

역사의 경사지에서
몸을 뒤쳐 일어서라
정녕 살려거든
천 길을 솟구쳐 보려무나
제 힘이
제게 있는 줄
모르는 그게 더 안타깝다

현실의 먼지바람이
이리떼처럼 덮쳐온대도
나는 오히려 바위보다도
더 오만한 자세로 서고
오뉴월
황소 걸음처럼
뚜벅뚜벅 걸어본다

16. 재물의 자서전

분계선 철조망 안에
잡초만 길길이 우거졌고
여기 저기 벽돌 무더기
동강난 기와조각들
그렇지!
여기가 바로
큰 고을 있던 자리로구나

돌 한 덩이 첩놓이지 않은
집 한 채 없는 폐허 속에
저 어인 콘크리트 건물
기둥들 몇 개 우뚝 서있나
물으니
지난 날 이 고을
은행에 있던 금고(金庫)였다네

어허 재물의 자서전인가
수전노의 초상화려냐
탐욕의 기념 탑이
저주의 들에 우뚝 섰구나
하늘이
「롯」의 아내 소금기둥을
여기 또 하나 세우니라

재물! 재물만 있으면
만능인 줄 아는 인간이기에
여기 타다 남은
기둥이나마 세워 두어
모두가
이렇게 되느니라고
일러 주는 설교일러냐

금을 모래알처럼 보라시네
보석을 넝마조각처럼 보라시네
금보다 보석보다 귀한
잃어버린 인간의 사랑 찾으라시네
돌아가
마음과 마음 서로 잇는
건널다리부터 놓으라시네

17. 신록 속에 서서

흙탕물 쏟아져 내리던
전쟁의 악몽과 회상
여기선 신록조차 눈에 서툴러
다른 나라의 풍경화 같네
역사의
배반자라는
낙인 찍힌 우리들이기에

이 시간에도 온갖 죄악을
아편처럼 씹으면서
갈수록 비참한 살육의
설계도를 그리면서
거룩한
신록의 계절을
모독하는 무리들!

그러나 우리들 가슴 속에는
마르지 않은 희망의 샘줄기
어둠의 세기 복판을
운하(運河)처럼 흐르고 있다
기어이
이 물줄기 타고 가리라
통일과 평화의 저 언덕까지

18. 설마령 (雪馬嶺)

여기는 험준한 절벽
설마령 깊은 골짜기
자유의 십자군
영국 군대 8백여 명
중공군
인해전술에
비참하게도 전멸된 곳!

그대들 여기 와 왜 싸웠던가
싸워 얻은 것 무엇이더냐
남의 땅 먼 나라에 와서
그 귀하고 아까운 목숨 던져
이 산에
젊은 원혼들 된 것
그것이 그 싸움의 결론이더냐

아니다 그대들 죽음이
어찌 헛되이 끝날 것이냐
평화의 씨를 뿌린 것이라
열매 맺을 날 오고야 말리
새 역사
새 태양 속에
월계관 쓰고 나타나리라

기념비에 새겨 놓은
UN기와 여왕의 왕관
다른 나라 사나이들의
붉은 피로 물들여 놓은 지도
시인은
정성껏 두 손 모으고
그날 오기를 빌고 간다

19. 비 속의 능선

흩뿌리는 궂은 비 맞으며
고개를 넘고 골을 건넌다
논도 밭도 모두 풀이요
마을도 오늘은 우거진 풀숲
발 끝에
채는 것이라곤
임자 없는 해골들!

험상궂은 능선과 골짜기
흩어져 있는 백골 동강들
원귀(冤鬼)들 비오는 날이면
더 흐느껴 운다는데
오늘 밤
나도 여기서
저들과 함께 울며 새울까

지난 날엔 적이었기에
방아쇠를 당겼었는데
오늘은 비를 맞으며
흩어진 해골 곱게 거두어
제 손수
묻어 주는 병정 뒤 따라
나도 흙 한 줌 얹어 주었다

고이 묻어 주는 흙무덤 속에서
가느단 목소리로 들려나오는 소리
「육체의 숨쉬는 것을
 생명으로 착각하지 말라
 자유와
 평화와 사랑 그것이
 생명의 참모습이니라」고

살아선 무슨 원수로
우리 죽이러 왔던 그들인데
그가 죽어선 우리들의 슬픔 속에
들어와 깃드는가
오늘은
저 죽음 속에서
인생의 진실을 들여다 본다

피를 먹은 능선과 능선
아우성 삼킨 골짜기들
안개는 저기 몇 번 덮이고
흰 눈은 저기 몇 번 쌔던고
오늘은
비 속에 엎딘 산들
슬픈 행장(行狀)을 씻는다

20. 새 농막

능선을 돌아내리면
널따란 폐허 일대
오뚜기처럼 다시 일어나
피난민들 도로 돌아와
하나 둘
여기 저기서
새 집들을 짓는다

고향! 고향이란 것
애수 섞인 목가(牧歌)만은 아니다
4천년, 3천년 전
아브라함, 모세에게는 새 땅이 있었다
그러나
이 시대 우리에게는
제 고향 밖에 갈 곳 어디냐

정든 내 고향으로
옛집터 찾아 돌아온 이들
오직 하나 삶에의 의욕
죽음 앞에서 삶을 배웠다
제 손수
제 행복을 만드는
새 출발의 식구들!

남편은 비를 맞으며
나무 토막으로 움막을 짓고
아내는 물을 길어다
저녁 밥솥에 불을 지피고
아들은
소 몰고 풀 한 짐 지고
언덕길을 넘어오네

검고 굵은 손마디
피로운 인생살이의 대변
그러나 저 거친 손엔
무쇠보다 든든한 신념
다음 대
자손들 청에는
잘 살라는 축복과 기원!

오너라 토막을 지어라
힘과 사랑의 보금자리를
기적은 원하지 마라
네 고장 정사(正史)를 엮어라
찬 땅에
던지는 더운 입김
게서 분명 장미는 피어나리라

21. 옛 38경계선 비문

여기는 옛날 38경계선
이곳에 있던 주둔군들
다른 곳으로 이동하면서
비석을 세워 표해 두고자
나에게
비문을 청하기로
그때 써준 나의 비문──

「여기는 38경계선
피로 얼룩진 지역
내 국토 안에서 무엇 때문에
군대의 주둔이 필요했던가
오늘은
슬픈 역사를
이 빗돌에 쓰고 가지만」

「저 뒷날 통일을 이뤄
남북이 하나 되는 날
내 손으로 새 글을 지어
굳이 나란히 이 비석 곁에
또 하나
평화의 새 비석을
다시 세우고 가리라」

「비록 내 손으로
그 새 비문 못 쓴다 해도
반드시 새 비석 세워야 할
통일의 그날 오고야 말리
이 곳에
새 비석 서는 날
넋이라도 여기를 찾아오리라」

22. 두견새와 다람쥐

뺏고 빼앗기며
강물처럼 흘렸던 피들
오늘은 자취도 없이
다 말라버린 기다란 능선
나 혼자
높은 재 바위 끝에 서서
싸우던 벌판 둘러본다

구름 엉긴 깊은 골짜기
천년 역사를 지닌 옛절터
물은 흐르고 길은 있는데
집도 없고 사람도 없고
치열한
산악전에서
불타버린 폐허다

큰 스님들 1천년 전통
어디 가 물어볼꼬
사자후(獅子吼) 외치던 설법
바람 소리뿐 들을 길 없고
숲 속에
두견이 울며
제 울음소리나 듣고 가라네

「대덕(大德)들 아침 저녁
무상한 진리 외쳤건마는
중생들 미련하여
깨닫지 못하기로
이렇게
폐허를 만들어
보여까지 주시니라」고

또 한 곳 바라보니
저긴 옛날의 요정(料亭)자리
분냄새 풍기던 기생아이들
노래하고 춤추던 곳에
오늘은
늙은 농부 한 사람
소 몰고 와 풀을 뜯기네

비단 치맛자락
잘잘 끌고 다니던 넓은 뜨락
여인들 아양 떨던 모습
바람과 함께 사라지고
다람쥐
마른 나무 등걸 타고
숨박꼭질을 한다

23. 「칡꽃마을」 이야기

시인은 막대 끌고
또 한 고지에 올랐더니
파수 서 있는 병정 한 사람
산 밑 마을 가리키며
겪어 온
기구한 사연
들려 주는 이야기—

「바로 저 아래 보이는
 칡꽃마을(葛花洞)이 내 고향이죠
 저기 약수터가 있어
 거기 가 빌면 소원성취한다기
 약속한
 처녀랑 하냥
 아침 저녁 같이 다녔죠」

「그리다 전쟁이 터져
온 마을이 불타버리고
모두들 죽고 흩어지고
나는 뽑혀서 군인이 되고
처녀는
마을을 못 벗어나
비참하게도 숨겨버리고」

「나는 전투부대 따라
이곳 저곳 옮아 다니다
지금은 뜻밖에도
이 고지 감시대 파수병 되어
날마다
칡꽃마을 내 고향
내려다보며 섰지요」

「저기 있는 약수터도
 영험이 없나 봐요
 그렇게도 빌었었는데
 소원성취 못하고서
 옛 처녀
 그려 보면서
 명복을 빌며 살지요」

24. 해골과 구두짝

풀숲 헤치고 내려가 보니
여기 저기 뒹구는 해골들
그 곁에 혁대랑 군화짝
운동화 고무 밑바닥
저것이
인간의 생명보다
더 오래 가는가보다

나는 언덕을 넘고
냇물을 건너면서도
내 입에선 몇 번이고
같은 말을 중얼거렸다
「구두 짝
그런 게 차라리
인간의 생명보다 더 오랜건가」

천하를 주고도 못 바꾸는
값지고 귀한 생명인데
우습다 헌신짝보다도
더 값싸게 던져버렸나.
비웃듯
들사슴 한 마리 껑충껑충
앞산 언덕을 넘어간다

25. 고석정 (孤石亭)

아름다와라 절경 한 구역
예부터 이름난 고석정
물은 깊어 검푸르고
골은 돌아 몇 굽인데
3백 척
큰 바위 하나
강 복판에 우뚝 솟았네

위태론 절벽을
다람쥐처럼 기어올라
갈길도 잊어버리고
강물을 내려다보는 뜻은
여기서
전쟁을 끝내고
총 닦고 칼 씻던 곳이라기

고석정 외로운 돌아
오늘은 아직 너 쓸쓸하여도
저 뒷날 많은 사람들
여기 와 평화의 잔치 차리는 날
낯 익은
시인은 다시 와서
즐거운 시 한장 또 쓰고 가마

26. 유방고지 (乳房高地)

여기 여자의 유방같이
쌍으로 솟은 두 고지
야릇하게도 젖가슴 복판을
분계선이 지나갔기에
하나는
남방에 있고
다른 하나는 북방에 있네

전쟁도 사상도 이기는
대자연의 사랑을 보라
민족의 쌍둥이기에
고움도 미움도 없이
젖가슴
쪼개고 찢어서라도
같이 먹이시는 자비여 !

고마우신 어머님
풍요한 조국의 젖가슴
남북의 형과 아우
고루 먹이시는 사랑이신가
피 묻은
이 고지 전쟁 기록은
지워버리고만 싶다

27. 원혼들의 호소

앞도 산 뒤도 산
산에서 산으로 돌고
소라고둥 돌듯이
산을 못 벗어나고
나마저
산의 분신(分身)이 되었나보다
하 깊은 산골이어서

넘어도 다시 산고개
돌아가도 또 산고개
1천 미터 험한 몇 고개
고개마다 피 흘린 역사
산새들
우짖는 소리
저게 모두 원혼들인가

그대들의 부모 형제
그대들의 처자 동지들
그대들 잃어버리고
울며 애태우는 가슴들
그 가슴
언제나 비어 있다
혼이라도 찾아오길 기다리며

젊은 청춘의 꿈
무지개처럼 사라졌기에
방황하는 원혼들
저리도 애타게 지저귀는가
밤엘랑
그리운 사람들 꿈 속에
자주 들어가 쉬려무나

28. 산철쭉・산난초

험준한 산맥을 타고
오르고 내리는 고지마다
날마다 몇천 발 포탄을 던져
불과 연기만 가득 찼던 곳
오늘은
이 어인 산철쭉 피어
너무도 눈이 부시다

피로 젖었던 산굽이마다
웃고 피어난 산철쭉
산철쭉 꽃나무 곁에
졸고 있는 총 멘 파수병
우습다
전쟁, 평화, 삶과 죽음이
한 곳에 같이 엉겼네

다시 보니 풀숲 속에
백옥보다 더 고운 산목련
못 피고 간 청춘의 넋이
저 꽃 되어 피어난 건가
보는 이
없는 산골에서나마
실컷 한 번 피려무나

어디서 들려오는 탁목조(啄木鳥) 소리
아픈 가슴을 더 찔러주네
가다가 길 가 풀섶에
향기 놓는 산난초(山蘭草) 두어 포기
진종일
상한 가슴을
저것이 어루만져 주네

바람결에 머리 서로 비비며
정답게 피어 있는 꽃송이들
황량한 산고개 위에서 보는
지극히 순결한 창조의 본성
가다가
발 머물고 꽃송이 곁에
내 얼굴 맞대어보는 동심(童心)!

29. 스승과 제자

또 한 고개 높은 재 넘어
낭떠러지 길 가에 앉아
고달픈 다리를 쉬노랄 제
뒤에서 돌격대처럼 달려와
「선생님」
부들부들 떨면서
나를 껴안는 병정 한 사람

반가와라 이게 누군고
군인이 된 나의 제자
길목 지키는 파수병으로
이 깊은 산협에서 만나보다니
두 손목
서로 붙들고
어루만지다 이야기하다

산협길 멀고 험하고
해조차 뉘엿이 기울건마는
차마 서로 못 나뉘어
손목을 놓았다 잡았다
헤어져
산 모롱이 돌 때까지
몇 번이나 되돌려 보고

30. 검은구름(黑雲吐嶺) 토하는 고개

이름조차 험한 산고개
「검은 구름 토하는 고개」
구름이 장막처럼 몸을 휩싸고
비를 몰아오는 바람소리
세기의
종말을 고하는
선지자의 선언과도 같이

진실! 진실을 잃어버리면
거기는 캄캄한 지옥
허위의 얼굴을 대하면
악마보다 더 무서워
지구가
온통 검은 구름에
휩싸여 있는 오늘이다

여기 불타고 말라 죽어
잎사귀 하나 없이 헐벗은 나무
인간들이 받아야 할 형벌을
대신 받고 서 있는 것 같아
경건히
그 십자가 아래 서서
속죄의 기도를 올린다

방향을 잃은 인간들
허위적거리는 발등에
차라리 이 순간
뇌성벽력이라도 쳤으면싶다
주춤 서
검은 구름 토하는 고개
올려다보는 심정이여!

31. 아레스! 멀리 가라

사방으로 험한 산고개
병풍처럼 둘러친 곳
대야처럼 패어진 분지(盆地)
한옛날 운석(隕石) 떨어진 구덩이라네
옛 마을
불탄 재조차 찾을 길 없이
비바람만 불어친 폐허!

포연과 죽음의 아우성만
가득 찼던 격전지에
새 마을 세우는 사람들
뜨거운 햇빛을 받아
이마에
왕관보다 더 찬란한
진주알같은 땀방울!

멎을 줄 모르고
쉴 새 없이 퍼붓던 풍우에
허물어진 구덩이
고르고 메우고 밭을 일구려
삽 들고
괭이 들고 나서서
새 흙 퍼나르는 사람들!

「큰 칼 팔아 황소 사고
작은 칼 팔아 송아지 사고
그 소 몰고 와 논밭 갈자」고
우리 조상들 이야기했네
그처럼
피 홀리는 전쟁 싫어하고
언제나 평화를 원했더니라

한국 전쟁에서 희생된 미군
미국 독립전쟁 때보다 5배!
그들의 피만도 아니면서
그러고도 못 이룬 한국의 평화
평화는
피로써 못 사는 것
오직 사랑만이 평화의 통로(通路)!

모진 풍우 무릅쓰면서도
바른 길 찾아가는 이정표
지도 위에서 길을 못 찾도록
먹칠해 놓은 자가 누구냐
아레스!
전쟁의 신아
너, 이곳을 떠나 멀리 가라

＊아레스는 희랍신화에 나오는 전쟁의 신

32. 근심 없는 마을

여기 한 고요한 마을이 있다
이름을 물으니「무수촌(無愁村)」!
동구나무 아래 그넷줄 매고
마을 아이들 그네를 뛴다
무수촌!
근심없는 나라
근심없는 세계가 그립다

그 곁에 풀밭 잔디 하 좋아
막대 던지고 발 뻗고 누워
흰 구름 둥실둥실
떠흐르는 하늘 바라보느라니
포근히
엄마 품에 안긴 아기처럼
잠이 들 것만 같다

자연은 인간의 어머니
그 품에서 나고 자라고
자연은 인간의 무대
그 속에서 일생을 살고
자연은
인간의 영원한 고향
그리로 돌아가는 곳

인간은 잠깐이지만
자연은 영원한 것
저기 무슨 사심이 있나
무슨 사욕이 있는가
아무런
거짓도 꾸밈도 없어
그래서 자연은 영원한 것

자연으로 돌아가라
자연과 하나가 되라
그것만이 인간을 살리는 길
파멸의 현대를 건지는 길
인간이
자연의 법칙을 배반하여
죄악의 세계를 만들었기에

33. 맑은 시냇가에서

굽이쳐 흐르는 시냇물
가슴 스미는 맑고 찬 기운
이리도 깨끗한 여기서
피비린내를 풍기다니
아무리
무자비한 전쟁이기로
이런 데서야 왜 싸우던고

친함도 성김도 없이
은혜도 원수도 없이
싸우다 말고 총 서로 놓고
냇물에 발 담그고 앉아
손 잡고
도란도란 이야기라도
바꿨어야 할 여기서

수정보다 더 맑은 시냇물
졸졸 꽐꽐 흐르는 냇물
가슴 속의 울분과 원한
이 냇물에 흘려 보내고
이 순간
다만 빈 가슴으로
시냇물 소리만 듣고 앉았다.

산굽이 감도는 시내야
피 흘려 싸우던 그 시내지만
물은 오늘 따라
새로 흐르는 맑은 냇물
가슴도
어둡던 그 가슴이지만
생각은 보람찬 새 생각일네

나는 시냇물처럼
내 길을 가고 싶다
강 되어 절벽을 만나면
떨어졌다가 다시 솟고
여울 목
백 번 만나도
백 번이고 굽이쳐 가고

34. 향로봉(香爐峰) 위의 기도

가장 높은 향로봉 산마루
부슬비 맞으며 올라선 지금
아! 장하다 아름답다
말없이 둘러보는 남북강산
시인은
하늘 향해 두 손 모아
간절히 드리는 기도―

「지금 저 해를 붙들어
공전(空轉)하는 시간 멈춰 주소서
불안과 초조 속에서
다만 슬픔을 되씹으며
바람에
흰 머리카락 날리면서
헛되이 늙게 하시나이까」

「피보다 더 진한 눈물
우리 눈에서 쏟아지도록
고백하는 참회와 맹서
우리 입에서 술술 나오도록
녹 슬고
마비된 양심을
채찍으로 일깨워 주옵소서」

「형벌과도 같은 시련과 고통
너무도 오래 되었나이다
이 땅에 통일과 자유와 평화
비 내리듯 꽃 피우듯 부어주소서
거기서
단 하루만이라도
그 땅에서 살게 해 주옵소서」

「자유는 우리 깃발 우리 승리
풍우 속에서 나부끼는 생명의 군호(軍號)
피를 마신 전쟁의 신이
취하여 쓰러진 오늘
평화가
수의(囚衣)를 벗고 옥문 밖으로
뛰쳐나오게 하옵소서」

35. 지구촌(地球村)

구름 안개 몸을 휘감는 여기
높은 재 위에 올라선 지금
하늘과 땅이 한 움큼이요
삶과 죽음이 한 순간일네
남북이
한 뼘도 채 안 되는데
이걸 가지고 피를 흘렸나

우주에서 내려다 본다면
점 하나 찍은 듯 작은 지구
개미집 같은 지구촌에서
서로 싸우는 미련한 인간들
우습다
신이 보기에는
비극이기보다 가증하리라

그러나 우주가 넓고 커도
지구는 필경 인류의 보금자리
여기 생명을 붙이고
역사를 누리며 살아온 곳
우리 왜
하나뿐인 보배를
우리 손으로 깨뜨리려나

무자비한 칼 거침없이
휘두르는 강대국의 횡포
능멸의 그물, 유린의 발굽
못 벗어나는 약소민족의 아픔
이것이
지구를 더럽혀 온
인류의 비참한 역사다

애타게 두들겨도
열리지 않는 평화의 장벽
불러도 응답이 없이
대화조차 끊어진 적막
이 순간
텅 빈 가슴을
무엇으로 채울꼬

36. 한 겨울만 더 지나면

고갯길 아래 돌 한 덩이
설화희생 순국기념비
전쟁에 나가 죽는대도
원통한 청춘인데
밤 사이
높은 산 눈사태로
몇십 명 군인들 묻히다니

버들꽃 날릴 때 일선에 와서
찬 눈을 몇 번이나 맞고
한 겨울만 더 지나
버들꽃 날리면 돌아간다고
손 꼽아
눈 녹기만 기다리던
그런 군인들도 있었다 하네

그대들 마지막 호흡
끼쳐진 산 기슭에
눈얼음 쌓였다 녹기
몇 번이나 하였던고
올해도
버들꽃 펄펄 날리는데
그대들 숨소린 들리지 않네

37. 파도도 울고 나도 울고

물이 질벅거리는 풀숲 헤치고
미친 듯 달려 들어가
철조망 마지막 말뚝을 잡자
강력한 전류에 감전된 듯
손발과
가슴이 부들부들
떨리는 걸 어찌하랴

그래 이것이 피어린 155마일
마지막 쇠말뚝이냐
이것 하나 잡아보려고
예까지 허위허위 달려왔던가
끝 없는
동해의 파도소리만
가슴 속으로 파고드네

길이 끝났네 더 못 간다네
병정은 총 들고 앞길을 막네
저리 비키오 이 말뚝 뽑고
이대로 북으로 더 가야겠소
바닷가
모래 위에 주저앉아
파도도 울고 나도 울고

울다 말고 눈물 어린 눈으로
북쪽 산천을 바라본다
바라보다 말고 몸이 움칫
가슴 치밀어 오르는 생각
그 누가
내 앞을 막을 것이랴
철조망 걷고 넘어가 볼까

총이냐 법이냐
총과 법이 무슨 권세로
내 땅에서 내가 가는데
내 가는 길 어이 막으랴
육로(陸路)론
못 넘어간다면
바다로 나가 저어 가리라

나 혼자 이 철조망 넘어간다고
민족의 소원 풀릴 것이랴
이 말뚝 하나 뽑는다 해도
인류의 낙원 이뤄지지 않으리
돌아가
사람들의 가슴 속에서
「미움과 죄악의 장벽」 먼저 헐어야!

38. 한밤과 새벽의 어귀에 서서

어디서 쫓겨온 사람처럼
헐떡이며 동햇가에 와 섰다
화상(火傷) 입은 공간을 헤치고
차디찬 땅 끝에 와 섰다
시인은
사랑과 정열을 뿜어
이 파도를 끓이고 싶다

갈갈이 찢긴 헛된 시간
걸레조각보다 더 값싼 유물
이같이 욕된 시간이
왜 인류의 역사를 더럽히는가
누가 날
이 시궁창같은 시간 밖으로
돌팔매처럼 날려다오

사나운 포수에게서 쫓겨
허덕거리는 사슴처럼
거센 물살에 밀려
잠방거리는 조각배처럼
갈수록
죽음에 직면한
인간들의 가련한 모습!

노아 홍수의 전날밤인 듯
굳어져 있는 인간들의 표정
우주전쟁을 예약하는 공포의 문명
구원의 문을 두들기건만
아무도
열어주는 이 없이
오직 심판을 기다릴 뿐!

분노한 예언자들은
「바다조차 타서 재가 되리라
인간들은 그 재 속에서
영원한 화석(化石)이 되리라」고
여기서
듣는 파도소리는
구슬픈 조종(弔鍾)소리만 같다.

한밤과 새벽의 어귀에 서서
어두운 바다를 내다본다
해일처럼 억세게 넘치는
가슴 속에서 치솟는 새 힘
심장의
피를 기름삼아
횃불 켜들고 밤을 밝히자

함정 속으로만 떨어져 가는
인류의 걸음을 어찌 막을꼬
눈물 젖은 노래로
내 노래가 끝날 수는 없다
바닷가
백사장에서 밤을 지새고
새 태양을 맞이하리라

39. 동해의 아침해

어둠은 아직 짙다 하여도
새벽이 오면 동은 트고야 말리
동햇가 미명(未明)의 언덕 위에
발돋움하고 바라보며
더 멀리
더 높은 곳을 향해
새 증언(證言)을 기다리는 마음!

아직은 짙은 안개와 구름으로
머리 위를 무겁게 누르는 하늘
빛 속에서 어둠을 보듯이
어둠을 뚫고 빛을 보는 눈
마음의
창문을 활짝 열고
황금빛 햇살을 받아 들이자

살육과 공포에 사로잡혀
무덤속같이 어두운 여기
이 인욕(忍辱)의 땅에
부활의 종소리 들려 오려나
평화를
잉태한 새 날의 언약인가
돋아오르는 저 아침 햇살!

동해는 푸른 바다
아침 햇빛 눈부신 푸른 바다
흰 갈매기 날개조차
물에 잠기면 푸른 물 들고
혈관 속
돌아가는 피조차
푸른 물결로 변할 것만 같네

푸른 물결이 호흡과 함께
몸뚱이 속으로 드나들어
내가 동해 속에 있고
동해가 내 속에 들어와
탐욕에
그을고 시달린 창자마저
깨끗이 빨아야지!

썩지 않는 진리의 말씀
젖줄기처럼 받아 마시며
차라리 호사스런 낙원보다
괴로운 내 조국 더 사랑하고
한 마음
오직 고지식하게
태양만 바라보는 해바라기처럼

수평선 위를 바라보라
눈부신 영광의 아침해
오색 찬란한 광채를 놓으며
위대한 영웅처럼 돋아오른다
환희에
휩싸인 순간 내 입에선
새 노래가 흘러 나온다

「동해의 해돋이는
이 땅 겨레의 상징이다
우리들의 정열과 의기로
철조망 장벽을 불태우고
승리를
찬양하는 붓으로
인류의 자서전을 다시 쓰자」고

40. 고통과 부활

이 고통 아프다 말라
차라리 값진 고통이다
발로 짓밟고 눈얼음 쌓여도
새 싹 움트는 밀알과 같이
믿어라
의심치 말고 믿어라
우리에겐 분명 부활이 있다

길이 끝났다 말라
여기서부터 시작되는 길
철조망 장벽 앞에서
우리 갈 길을 보았다
열어라
살육의 광야에서
부활의 길을 뚫어라

통일과 사랑 이뤄지는 날
자유와 평화 도로 찾는 날
탁류에 휩쓸려가는
인간의 양심 회복하는 날
거기에
민족과 인류가 되살아나는
영광의 부활이 있다

41. 새 역사는 개선장군처럼

사랑의 큰 진리를
배반한 죄의 값으로
고통 속에서 몸부림치는
조국과 아시아와 세계
멸망의
낭떠러지에서 발을 멈추고
새 역사를 기다리자

우리들의 새 역사는
어떤 모습으로 올 것인가
순풍에 돛 달고 오는
유람선같이 오진 않으리
얼굴과
몸뚱이 성한 데 없이
상처투성이로 오리라

우리들의 새 역사는
상처투성이지만 이기고 돌아오는
역전(歷戰)의 개선장군으로
우리 앞에 다가서리니
그날에
우리는 그와 함께
분명 그와 함께 같이 서리라

42. 기　　원

푸른 동해 가에
푸른 민족이 살고 있다
태양같이 다시 솟는
영원한 불사신(不死身)이다
고난을
박차고 일어서라
빛나는 내일이 증언(證言)하리라

산 첩첩 물 겹겹
아름답다 내 나라여
자유와 정의와 사랑 위에
오래거라 내 역사여
가슴에
손 얹고 비는 말씀
이 겨레 잘 살게 하옵소서

눈부신 해와 달과 별들과
비와 이슬, 눈, 서리, 구름과 안개
저 올망졸망한 산들과 강과 바다
너무도 화려한 천지창조
창조의
거룩하고 신비한 뜻을
누가 감히 어길 것이랴

여기 벌 한 마리, 나비 한 쌍
세상 돌아가는 일 아랑곳 없이
정성껏 꽃가루를 빨고 있다
얼마나 순결한 세계냐
이것이
신의 참뜻이다 평화다
우리 원하는 것 바로 이것이다

영생도 멸망도 제가 짓는 것
낙원도 지옥도 제가 짓는 것
화약고(火藥庫)에 불을 지르기 전에
인간의 본성(本性), 본연(本然)으로 돌아가자
아! 세계여
더러운 진흙 속에서
연꽃처럼 피어 오르라

祈 願 (노산 이은상 시집)

1982년 9월 10일 인쇄
1982년 9월 15일 발행

저자 　노산 이 은 상
간행 　노 산 문 학 회
인쇄 　삼화인쇄주식회사

영인본

노산 이은상 시집
기원
분계선을 밟고

펴낸날	2025년 11월 29일
지은이	노산 이은상
편찬한 곳	사단법인 남하이승규노산이은상기념사업회
편찬한 이	윤봉현(회장)
펴낸이	오하룡
펴낸곳	도서출판 경남
	경남 창원시 마산합포구 몽고정길 2-1
	대표.055)245-8818 FAX.055)223-4343
	블로그 : gnbook.tistory.com
	E-mail : gnbook@empas.com
	등록 : 제1985-100001호(1985. 5. 6.)
	편집팀 : 오태민 심경애 구도희
인쇄	경청인쇄문화사
ISBN	979-11-6746-213-8-03810

※ 잘못된 책은 바꿔 드립니다.

값 12,000원